Enfants & Mères

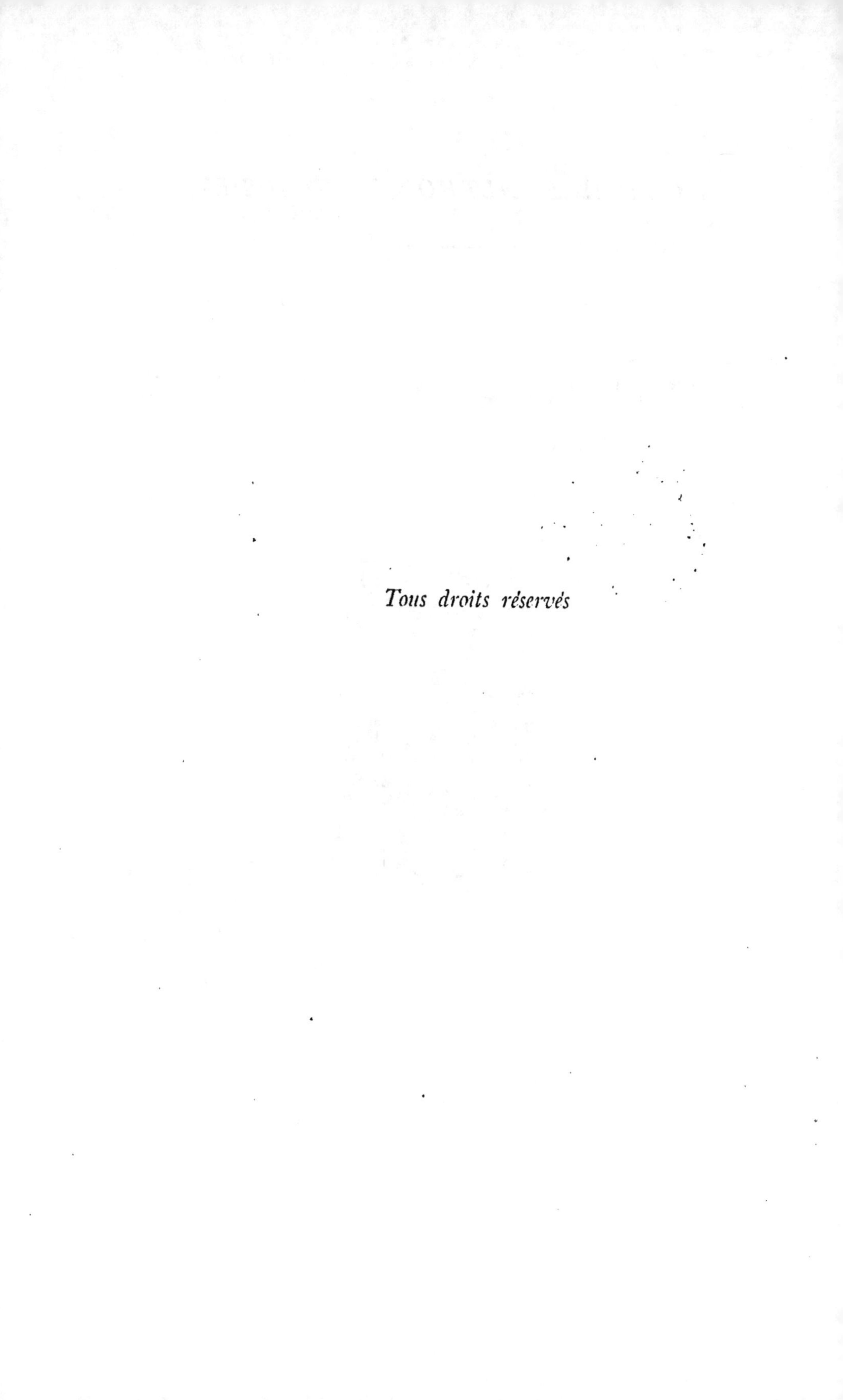

MADAME ALPHONSE DAUDET

Enfants & Mères

PARIS

ALPHONSE LEMERRE, ÉDITEUR

23-31, PASSAGE CHOISEUL, 23-31

M DCCC LXXXIX

A

MA CHÈRE MÈRE,

J. A. D.

BIENVENUE

LES persiennes closes, les rideaux tirés, un frais silence accru par la respiration dormante de la garde et un petit souffle poussé irrégulier dans le berceau nuageux et pavoisé, qui longe le lit comme une nacelle auprès d'un navire. Rien de la sensation d'une maladie, mais un grand bien-être de faiblesse, tel qu'on doit le subir avant la mort, sans voix, sans force, sans conscience, les membres déliés et la tête vide; et comme en un rêve revient la journée d'hier, si pénible mais si délicieusement solennelle; le réveil au petit jour accompagné de douleurs avertissantes, les derniers soins au berceau, cet oreiller de dentelle, ce grand rideau protecteur, doublé d'un bleu d'atmosphère doux et léger à l'œil, et cette première parure neuve et blanche, ces petites manches qui attendent des petits bras; la jeune femme a mis là toute son élégance et sa tendresse prévoyante.

Puis le supplice a commencé. La marche progressive et rythmique du mal, ce cauchemar de souffrance dont le réveil est un triomphe, dont on sort avec le soulagement de l'œuvre accomplie et presque des fiertés de créateur. Oh! la dernière heure, les cris suffocants, la surprise dans cette jeune santé de l'affreux martyre, le brisement de ce corps qui ne formait qu'un tout harmonieux où les mouvements étaient presque inconscients, le démembrement par la douleur! Enfin la clameur ouverte, ce prolongement du cri appelant la nature entière au secours et répondant à ce dernier et douloureux effort comme un écho, moins un cri qu'une respiration gémie, la première résonnance de l'air dans un gosier frêle.

Alors toutes les souffrances oubliées. Mon petit! mon enfant! c'est-à-dire celui que j'attendais, que je pressentais depuis que j'étais femme, pour qui j'ai accumulé tant de projets, de tendresses, de prévoyances; et, malgré les heures de torture, c'est encore une surprise que cette venue d'un être. Comment! c'est à moi, à nous, notre fils!

Elle en reste éblouie, la jeune mère, comme de ces trop beaux présents dont on agrandit des yeux d'enfant; et nu, ramassé, ses petits pieds cherchant ses genoux, ses petites mains écartées jusqu'au bout des doigts et la tête trop grosse, déjà duveteuse et brune, on le lui a montré dans toute sa longueur, le chéri, en le mettant dans un bain tiède, dont la transparence le lui laisse voir encore à partir du pli tendre du cou. Puis, le premier regard jaillissant d'amour refermé, elle est tombée dans le sommeil, d'où elle sort doucement à cette minute. C'est bien vrai, l'enfant est là! elle se sent dédoublée vraiment, si légère, et le berceau remuant sous le poids du bébé qui dort.

Mais quel lien subsistant et fort entre elle et ce tout petit, au point que, les premiers jours, ils ressentiront les mêmes souffrances, le même contre-coup de sa venue au monde, et comme cet enfant, qu'elle ne savait pas hier, a pris la grande place dans son cœur, celle qu'il tenait dans tout son corps, hélas! envahissante et douloureuse, blessante même s'il s'agite trop fort, ce fils robuste d'une femme délicate.

A-t-elle bien existé jusqu'à ce jour, ou plutôt n'a-t-elle pas existé que pour lui? N'est-ce pas pour lui que, tout enfant, près de sa mère à elle et de sa grand'-mère, dans cette succession de maternités soigneuses, elle a manié des poupées, travaillé, pleuré pour des poupées? N'est-ce pas pour lui que se sont rencontrés et unis plus tard deux êtres jeunes dans la joie et la tendresse, marquant chaque station de leur voyage de noces de ces rubans de satin rose qui nouaient le trousseau dans les malles ? — les mêmes attachent sa layette ! — pour lui qu'elle s'est sentie si fière et si heureuse à la première altération de son visage, l'œil dans une ombre bleue, l'ovale aminci, et là, sur la tempe, une petite marque qu'elle regardait à toute minute en relevant un peu ses cheveux frisottants, ce hâle du soleil d'amour ? pour lui, pour devenir mère, qu'elle a été enfant, jeune fille et femme ? Et le voilà au monde, le voilà quelqu'un ! Il a un nom cherché, choisi, et c'est un ravissement, ce nouveau nom à dire qui nomme un nouvel être ! Elle le répète tout bas, l'essaie presque musicalement en attendant qu'il remplisse la maison de toutes ces appellations diminutives, dont se rapetisse le nom d'un enfant pour arriver à sa taille, et que l'on réponde par une caresse de langage à ses premiers bégaiements.

PREMIERS PAS

CERTES, il tenait déjà bien sa place nouvelle dans la maison, son berceau près du lit, sa haute chaise à table, et partout un rappel de cette vie enfantine, souriant dans les joujoux qui traînent, et les blancs et doux vêtements du premier âge. Mais voici tout à coup sur les tapis et les parquets, l'appui d'un petit pas maladroit, d'abord irrégulier, heurté et qui bronche, puis marquant l'entrain et la vitesse d'une poursuite ou d'un jeu. Vif émoi! il marche! Il marche avec une hésitation de tout l'être, ses petites mains tendues écartées en balancier; et à le surveiller, à le suivre, on sent qu'un être se révèle d'initiative et de volonté, allant tout de suite à la lumière, à l'attirante fenêtre où l'espace lui apparaît, la transformation du ciel, le vol des oiseaux; ceci avant la recherche d'un coin préféré ou l'élan vers un jouet qu'il rattrape avec un désir déjà plus rapide que les petites jambes, une fixité de regard, une volonté du but et de l'indépendance.

Un joli mot de mère : « Quand mon fils a commencé à marcher seul, j'ai senti qu'il se détachait de moi. » Un coup pénible au cœur, cette première tentative d'éloignement que l'enfant renouvellera plus tard à chaque élan de sa jeunesse... « Il s'appuyait aux meubles, s'accrochait à ma robe, puis un jour il se retourne, essaie ses pas tout branlants, s'équilibre, et le voilà parti ! Oh ! j'ai pleuré ! »

Oui, c'est le premier départ et la première imprudence : heurt aux meubles, chutes légères; des cris et d'abondantes larmes en révolte contre la douleur inattendue et la dureté de la vie aux inexpériences; viendront l'adresse, la précaution, les repères choisis pour aller d'ici là. Et c'est une étape importante dans la vie enfantine, si bien que les mères l'inscrivent dans cette mémoire des menus faits et des dates charmées qui font le divin rabâchage des familles, et que les premiers petits souliers comptent parmi leurs reliques, plus tard retrouvés et comparés : ceux-là plus larges, plus forts, aux pieds solidement chevillés des fils, ceux-ci plus étroits, délicatement enrubannés pour les fillettes, et tous presque neufs, à peine fanés aux semelles, ayant la destinée de toutes les parures du jeune âge, dépassées vite par la croissance de l'être, car l'enfant pousse et grandit toujours, de matin en matin : c'est son travail et sa loi, écartant et rejetant ses enveloppes successives, montant jusqu'au baiser qui se penchait pour lui.

LES ENFANTS ET LA NATURE

NOUVELLEMENT ratissé, rafraîchi par la nuit, — l'ombre et le soleil mesurés sous les grands arbres, — le jardin les attend, les enfants qui depuis l'aube perçoivent les moindres bruits : bavardages de poules, notes de fauvettes, battements d'ailes ou de feuilles, dans ce réveil hâtif et impatient des enfants et des vieillards endormis tôt et guettant la première filtrée de jour aux rideaux croisés.

Ils descendent, et, d'abord, c'est une course éperdue à petits cris d'oiseaux lâchés, un bonheur des membres nus, chaussettes et manches courtes, à sentir cette caresse d'air pur, une ivresse des poumons à la respirer ; puis, la visite aux fleurs ouvertes du matin, aux fruits mûris, l'émerveillement de tout ce mystère de nature, ces corolles qu'on n'a pas vues se déplier, ces branches qu'on n'a pas vues grandir. — A quelle heure de la nuit, sous quel regard d'étoile chaque plante envahit-elle l'espace de son lent et muet accroissement? Tout leur est question et curiosité.

Plus jeunes encore, à l'âge des promenades au bras des nourrices, dans le mouvement berceur de leurs petites voitures, ils suivaient de ce regard vague, en l'air, qu'éteint le sommeil commençant, la marche des nuages, l'écart papillotant des charmilles, et leurs petites mains avaient des gestes tentés vers tout ce qui passait, se jetant en avant dans leur ignorance des distances et des perspectives, tout étonnés de ramener le vide ou de se heurter à l'obstacle.

Ensuite elles ont su prendre, et serrer et cueillir.

Viennent maintenant les délices du jardinage, la plantation de ce coin réservé dont la terre remuée et retournée se ravine à l'ombre des treilles. Dans sa chère confiance, l'enfant arrache des branches de tilleul ou de frêne, ou bien, à poignées et sans racines, violettes, pâquerettes et fraisiers qu'il accommode en bordures et en massifs minuscules. Pour l'arrosage, une course à la fontaine défendue, l'eau prisonnière dans les rocailles, jaillie bien vite sur le tablier blanc, les mollets roses, les petites mains terreuses, et, à flot, parmi le jardin improvisé, la tombée de l'arrosoir. Activité charmante où l'enfant prend, avec des couleurs plus vives, un peu du silence paysan.

L'heure est calme sous le bourdonnement haut et confus des grands arbres, dans les parfums d'été que traîne le soleil en ses visibles étapes. Agenouillé, ses vêtements un peu souillés, l'enfant est tout à sa première connaissance de la terre : il gratte, creuse, regarde, guette les insectes en quête comme lui par le sol tiède à la surface et qui se refroidit et noircit sous la bêche, et sa réflexion est muette et grave; la plante qui pousse, l'eau qui fuit, cette grosse racine heurtée.

Sans rien demander ni comprendre encore, il cherche à s'expliquer à lui-même l'énigme de vie, et son bonheur dure une après-midi, car, vers le soir, tout se dessèche et tombe : son travail est perdu. Il le recommencera demain et toujours, jusqu'à ce qu'il sache la vitalité des racines, la force de la graine semée et qui germe, la gerçure du sol autour des pointes vertes, l'éclosion du rêve.

Et cet attrait, l'enfant l'éprouvera plus vif encore vers les jeunes animaux : les poussins sous la mue, jaunes comme si le jaune de l'œuf poudrait leur duvet, les canetons à la mare, tout en larges pattes pour nager ; il n'aura pas de plus grande joie que de retenir de force le chat impatient qui griffe et mord, ou le petit chien passif, au bon sourire des yeux et de son petit mufle court.

Souvent victime dans cette première mêlée à tout ce qui est à sa taille, au niveau de ses regards, il sentira quand même, être encore maladroit de parole et de pensée, une tendresse, une entente avec tout ce qui ne pense pas, ne parle pas, mais garde comme lui la chaleur du nid, les initiales clartés des yeux et de l'instinct.

LEÇON DE LECTURE

C'EST le matin. Le matin les oiseaux chantent mieux, et l'esprit des enfants, comme le nôtre, est mieux ouvert aux impressions fraîches. La grande chaise de Bébé l'approche juste au niveau de son alphabet, comme elle le met, aux repas, à la hauteur de son assiette, et le livre est tout petit, car les marges blanches, les lettres ornées, les images distrairaient ce regard voltigeant que maman ramène de force vers les lignes étroites du bout d'une petite règle ou de cette longue aiguille d'ivoire tirée tout à l'heure de son ouvrage.

Il y a dans la pièce attiédie et parée l'odeur fleurie du salon voisin, le calme luisant des logis soignés et un silence relatif, le silence parisien, troublé par des cris vagues de la rue, rumeurs de voitures, secousses d'omnibus et les pépiements joyeux de la cage.

Bébé épelle lentement ses lettres, les

unit, les marie pour les syllabes. La figure du petit homme s'applique dans sa rondeur gaie. L'œil étonné de la science nouvelle, les narines respirantes, la bouche entr'ouverte, le petit front touché de lumière sous la blondeur des cheveux, composent un profil d'ange de tableau primitif, et l'on sent, dans tout l'être mignon, un avancement studieux vers son livre, une tension du cou et des épaules où frémit, comme un brin d'aile blanche, la broderie du tablier.

Plus loin, sur le tapis, la poupée, les bras étendus, rêve dans une pose abandonnée; les soldats de plomb, rangés en bataille, partent du pied gauche; les moutons frisés, les chats à l'œil glauque, les

4

toutous éveillés, toute la ménagerie favorite attend impassible la fin de cette lecture qui immobilise le monde remuant des joujoux. Bébé, dans ce commencement de leçon, n'a même pas un regard vers eux.

Sans le savoir, il apprend une seconde fois à parler et c'est presque aussi difficile à ses quatre ans, que lorsqu'il n'avait que dix-huit mois ; il cherche sur le clavier intérieur de sa voix la résonnance des lettres comme sur d'invisibles et sensibles touches. Il tient l'A, tâte le C, risque le D ; tout un travail pour cette petite langue inexercée, et le premier rapport du cerveau qui pense, à la bouche qui parle, le sentiment d'un inconscient écho dont Bébé s'irrite quand il détonne.

Jamais chanteur, étudiant un morceau à effet, n'a travaillé comme Bébé notant et chiffrant ses lettres; ses lèvres se chiffonnent, s'ouvrent, montrant les dents de lait, et comme il a encore d'adorables défauts de prononciation, il ne peut pas rouler les R, articule J à l'espagnole.

Je ne sais quel oiseau chante sitôt la pluie, égrène ses notes vibrantes sous les branches d'arbre, en même temps que s'égoutte l'eau de feuille en feuille; c'est seulement à ce cristal perlé que je compare une voix d'enfant, d'autant qu'elle semble résonner plus clair dans la maison après une douleur, un des mille contretemps de l'existence.

Bientôt dans cette étude modulée et quand l'enfant épelle, il est curieux de se rendre compte par quelles hésitations, quelles transformations lentes, analogiques, il arrive à réduire toutes les difficultés. Sa mémoire neuve et multiple lui vient en aide; d'abord la mémoire des yeux qui l'a si bien servi pour commencer, lui figurant ses lettres formées de petits bâtons en long, en large, en travers, courts, plantés de biais, rattachés les uns aux autres, en échelle comme dans l'H, en chapeau comme dans l'A, tordus pour l'S et croisés pour l'X. Tout ceci l'amusait beaucoup. C'est par la nature vivante que l'enfant s'apprivoise aux abstractions, et celui-ci avait tant de petites idées sur cette forme des lettres que maman se trouvait un maître bien inférieur à son élève.

Puis ses oreilles ont retenu la musique du mot, — même sans le secours des lentes mélopées dont se servent les classes primaires, — et son gosier, la façon de s'en servir.

Merveille première de l'intelligence, cette initiation à la lecture! Aussi pour la bien montrer suffit-il à la mère d'une longue patience et de faire recommencer sans fatigue la lettre, la syllabe, la ligne, et de suivre, de pointer sur la petite page qui se chiffonne à ce jeu, s'use glorieusement, chaque hésitation de l'enfant. En le guidant ainsi, elle l'aide, le soutient.

Croyez-vous que l'effort ne se communique pas, que cette volonté du cerveau supérieur n'agit pas sur cette ronde tête, toute molle encore hier, que l'on parait de petits bonnets pour la préserver et qui doit être restée si fragile, facile aux empreintes.

Un matin, Bébé bondit sur sa haute chaise : il unit des mots en deux, trois et quatre syllabes. Il peut lire *papa, cheval, paradis, promenade.* Avec quelle impatiente curiosité, la première syllabe épelée, il attend la suite du mot jusqu'à vouloir le deviner dans un trop vif élan. Il sait lire ! Il est le maître du monde ! Il tient le commencement de l'énigme de vie, la réplique initiale au sphinx ! C'est la première étape de son ambition, et comme il l'a franchie facilement, avec quel tendre guide, et quelle douce main pour sa petite main potelée! Jamais de larmes.

L'enfant qui pleure pour apprendre à lire se sent forcé dans ses faiblesses inconscientes, proteste contre un abus d'autorité. C'est la fleur en bouton que l'on veut hâter et qui se défend, se replie, se ferme en révolte. J'ai vu de ces petits entêtés d'ignorance, le sourcil froncé, la bouche close, une attention qui se concentrait en bouderie. Et quelle pitié vous prend alors de saisir, d'emporter à l'air vif, au soleil, ce prisonnier d'étude qui ne veut pas de sa prison!

Mais Bébé n'a pas connu cette crise douloureuse. Sitôt la moindre fatigue, un regard d'ennui vers le plafond ou de trop vif désir aux jouets délaissés, et voici qu'on ferme le petit livre bleu et que maman le serre soigneusement. Car il ne faut pas que, tout seul, l'enfant reprenne la leçon terminée; la moindre erreur dans ces petits cerveaux où tout se grave, et Bébé la retrouverait à chaque lecture, à la même place.

Libre à lui, sur ses images, de reconnaître la forme et le son des lettres, et d'épeler et de trouver des mots en jouant, comme il attraperait des papillons, ou de déchiffrer en voiture les enseignes dorées, les affiches aux lettres géantes qui se développent à la vitre, en banderoles de livre à surprises. Mais le petit alphabet est sacré, et maman le conserve parmi ses premières reliques; de ses feuillets pressés il retient une heure délicieuse, si bonne à ressaisir plus tard, quand l'enfant grandira, se transformera dans la lumière et la force de son intelligence aguerrie et de sa libre croissance.

BÉBÉ DESSINÉ

J'AI souvent interrogé l'énigme de l'enfant, du tout petit, porté au bras, dont les yeux viennent seulement de se débarrasser de cette buée bleuâtre, ce vague, comme un souffle sur un miroir, qui le fait aveugle deux mois. A part ses heures de repas ou de sommeil, a-t-il le semblant d'une pensée, d'un sentiment rudimentaire? Non, il regarde, il regarde seulement. Toutes ses facultés intelligentes, concentrées en une seule, s'appliquent à faire entrer en lui la nature qui l'environne et l'émerveille, le contour des choses et l'expression des visages; et sa petite main potelée au bout de la manche toujours trop courte suit invariablement le mouvement des prunelles; curieuse, désirante, maladroite, elle s'élance, se cramponne, ignorante des obstacles et des perspectives, effeuille l'arbre qu'elle veut caresser, détruit la fleur, se heurte dans un élan mal calculé à la glace qui la reflète.

Eh bien ! les dessins de Bébé, les premières lignes qu'il essaie de tracer, rappellent ce réveil simultané de ses yeux et de son geste; il voit bien et beaucoup, mais sans les problèmes de la vision. Quelle joie, le crayon de couleur aux doigts et la chaise minuscule devant la table pareille, quelle joie pour lui de s'installer à une grande feuille blanche, ou mieux aux marges de quelque livre qu'il balaie de ses cheveux blonds, et de s'appliquer à l'image rêvée.

Le front attentif, le souffle court, Bébé dirige sa main de travers, s'active, tire des lignes et des zigzags : voici des lettres de fantaisie, voici la maison aux fenêtres multiples, les arbres sur le toit et les bonshommes qui dépassent le premier étage, et les profils où Bébé marque deux yeux, l'un visible, l'autre qu'il devine. Cette divination qu'il ne sépare pas de son dessin le porte à retourner la feuille illustrée, pour y chercher le dedans, l'intérieur, le dessous des choses. Cela, c'est le mystère de l'image, le désir de l'inconnu, que contente si singulièrement la bimbeloterie religieuse avec ses fleurs en papier de riz, s'entr'ouvrant sur une Assomption, ses martyres fermés d'une croix ou de portes dorées à deux battants sur le Paradis. Mais le crayon s'écrase en essais maladroits, résiste, se brise à la fin : des miettes sur des hiéroglyphes. L'enfant retourne aux joujoux, désolé. Il y a si loin de son rêve à l'exécution, tant d'efforts perdus entre ses yeux observateurs et son doigté primitif.

Ses pages d'écriture lui valent au commencement les mêmes peines, les mêmes déconvenues; les bâtons alignés en soldats indociles, les *o* comme des ballons secoués par le vent, et les *i* avec leurs rangées de points en semis sur la page épuisent la patience courte, l'application du pauvre écolier. Le tablier noir, le petit sarrau à l'encre en voit de belles: la plume, à tout instant essuyée, perd l'adresse de sa pointe, lance des pâtés à l'entour. Le beau cahier qui était une tentation au travail, à la science nouvelle, rebute bientôt par son aspect sali, gâché d'apprentissage. Maman prend bien de temps en temps dans la sienne cette petite main noire et découragée, la guide, l'affermit, tout en se méfiant de son anglaise à elle, qui n'est pas une écriture d'homme; et les modèles lui donnent du mal, je vous assure.

Elle se souvient alors de ses leçons du temps passé et de ce vieux professeur coiffé à l'oiseau qui enseignait l'écriture par le rythme et disait, comme à un cours de piano : « *Une, deux; une, deux,* » pour conduire la main. Cela se passait dans une classe aux grandes fenêtres verdies par les platanes du jardin, sur tout un rang de pupitres où une douzaine de jeunes filles uniformément vêtues, les cheveux en nattes, traçaient en mesure des sentences morales : « *Paresseux, allez à la fourmi...*

Ne remettez jamais au lendemain... » Bébé écrira bien les mêmes lignes, mais il ne comprend pas « *Une, deux;* » il trouve que son oreille n'a rien à faire là-dedans, et il a bien raison; toujours l'œil et la main liés, mais inégaux, l'un déjà si juste et savant, l'autre gauche, parce qu'elle est mécanique et qu'il lui faut du temps pour mettre en mouvement toutes ses petites jointures encore empâtées et inhabiles, toute cette adresse latente qui frémit au bout des doigts, où s'agiteront plus tard l'activité, le goût au travail, l'émoi artistique, Bébé le pressent bien, et c'est ce qui fait sa hâte impatiente. Il y a là toute une période de pratique, de mise en œuvre.

Enfin les lignes s'égalisent, les lettres

se redressent, s'écartent, s'installent; et je les compare aux dents de Bébé qui, vers cet âge de six ans où il écrit, remuent, tombent, pointent et poussent avec des hésitations, des retards qui les empêchent de s'aligner, de grandir, trop nombreuses dans leur place étroite où elles font ce joli tumulte blanc et rose qui est le dernier signe de la petite enfance.

APPRENDRE PAR COEUR

Bébé lit couramment à peu près. — Encore embarrassé par les points et les virgules et mêlant parfois les phrases dans un joli désordre que rétablit son esprit qui s'éveille et son petit jugement positif, et il faut commencer à apprendre par cœur. Difficile, la première leçon, et de faire comprendre au petit comment se gravent par les yeux, reproduites dans sa mémoire en plaque photographique, ces lignes qu'il devra lire et relire, puis réciter mot à mot.

Le voici, penché sur son livre, dans une attitude d'oiseau qui boit, baissant la tête vers la source et la relevant avec un mouvement des lèvres pour laisser pénétrer la science nouvelle, et toujours ce mouvement abaissé et relevé jusqu'au moment où, sûr de lui et debout, l'enfant essaie de prouver qu'il sait sa leçon et commence à la réciter. S'il manque le premier mot, tout est perdu ; le premier mot, c'est le mot magique qui ouvre les autres; aussi, malgré les méthodes qui veulent que l'enfant apprenne plus par son raisonnement que par la suite enchaînée des sons, je veux pour ces tout petits le « par cœur » méprisé, la mémoire de l'oiseau privé qui dégoise d'abord la chanson apprise. C'est pourquoi les vers sont si précieux aux premiers efforts de l'étude auxquels tout l'être contribue; l'oreille garde la mélopée et le gosier l'articulation des mots, et l'œil suit sur la page absente la longueur et la coupure des lignes. Le vers a la musique, la forme visible et l'attachante euphonie. Première initiation pour laquelle il faut toute patience et tout ménagement, et ne pas surcharger cette petite mémoire qui remplit à peine ses cases vides à la manière d'un rucher neuf où se mettent seulement les abeilles ; pas de presse ni de confusion ; que chacune reconnaisse sa place avant de commencer son travail de rangement et de remplissage.

Et rien n'est curieux, la leçon finie et les jouets ressaisis, comme les vols fugitifs de mots nouveaux et d'idées simplement acquises qui traversent le petit cerveau de l'enfant : il les prononce et les articule. Tout en jouant, son esprit travaille et l'avance plus que les leçons. L'élan donné, le grain jeté, quel bon terrain plein de forces personnelles et de substantielles germinations qu'est une mémoire enfantine qui parfois oublie l'enseignement récent pour le replacer quelques jours après!

On donne à l'écolier qui commence à lire des alphabets découpés à chaque lettre avec lesquels il fait des mots, des phrases, et qu'il brouille et rebrouille pour des combinaisons nouvelles. C'est un peu le travail de sa mémoire, les premiers temps; elle mêle les éléments et les reconstitue, tour à tour claire et confuse, et pouvant lire en elle-même ou se rendormant dans ses limbes d'ignorance; et il est plus tard délicieux de voir la transformation des phrases et des faits passant par une petite bouche inexpérimentée où tout se simplifie et se transforme, et l'Histoire sainte légendaire traduite en langage familier, et la grammaire aride humanisée par les caresses de la Nursery; c'est le signe intelligent.

L'enfant qui prend de son livre l'essentiel, mais lui abandonne sa forme vieillie ou professionnelle, celui-là fera pousser des fleurs dans sa moisson, il apportera aux études un esprit personnel, moins souple, moins facile que d'autres, mais combien vite dégagé des idées courantes et des formes reçues!

Chose singulière et souvent remarquée, il faut traiter les mémoires rebelles par les leçons du soir; la leçon apprise, à moitié sue, l'enfant la récitera demain matin sans faute, comme si le sommeil, qui apaise et égalise, laissait dans le cerveau se ranger librement ce qu'on y a mis à la dernière heure en dehors de toute préoccupation et de tout amusement.

Mais il y a des moments où l'esprit, lassé ou pas encore organisé, se refuse à ce qu'on lui demande, où les yeux du petit quittent les pages pour tout ce qui luit ou qui passe, où lui-même semble privé de ressort et d'assimilation ; rien ne peut forcer ces heures entêtées et fermées ; c'est alors que le livre jeté et repris, et ses feuillets roulés aux doigts, grattés par des petits ongles désœuvrés, supporte l'ennui, l'impatience, la vengeance physique de l'écolier.

Je n'ai jamais pu retrouver sans attendrissement, mêlés dans la bibliothèque aux autres lectures enfantines, les premiers livres classiques de mes enfants; leurs couvertures fanées, les pages inégales ou recollées et les marges aux gros griffonnages. Je revoyais en même temps des petits doigts tachés, des yeux gros de larmes, l'indécision mêlée d'étonnement devant l'étude forcée, cette révolte si dure à vaincre et si sensible contre laquelle il n'y a pas de mots assez doux, d'enlacement assez tendre, de maître plus expert qu'une patiente mère, car enfin c'est la révolte du petit sauvage avide de grand air, d'exercice, de toutes les manifestations physiques que veulent sa croissance et son développement contre la civilisation assise, repliée sur elle-même et condamnée au travail par l'accumulation derrière elle d'une humanité qu'il faut apprendre et surpasser.

JEUX D'ENFANTS

DANS cette perpétuité des loisirs et des distractions que se lèguent les familles, quel charme d'apprendre aux enfants avec l'intonation tendre retrouvée au fond de la mémoire les jeux qui nous ont réjoui nous-même, d'une tradition si intéressante, survivant même pour la plupart à des peuples évanouis. Ces petites joueuses d'osselets sur les marches d'un seuil et tournant à ses différentes faces le délicat joujou, le jetant en l'air, le rattrapant d'un coup sec, pourraient, habillées à l'antique, figurer sur des fresques remises au jour de Pompéi. Et ce jeu d'Oie que dit renouvelé des Grecs l'image naïve d'Épinal où il est colorié, et qui raconte si bien l'ancienne France, aux étapes, aux péripéties, aux arrêts de sa marche par l'ombreux et reposant jardin de l'Oie. — Le 6 où il y a un pont, ira au 12 se noyer sous le pont; l'hôtellerie arrête le petit piéton en route par les chemins verts, son paquet à l'épaule, la vieille hôtellerie à la lanterne en potence balancée par tous les vents; le puits, le puits ferré et enguirlandé le renvoie au labyrinthe disparu maintenant de toutes les propriétés de campagne; enlacement de verdures et d'arbustes bas, à monter essoufflé, à redescendre à petits pas, tandis que d'autres s'élancent vers la surprise du faîte. Puis c'est la prison, le classique cachot à la cruche, à la paille sous un jour de souffrance, enfin la mort fauchant le hardi voyageur après qu'il a passé par tant d'épreuves, embûches, duels, serpents enroulés sous ses pieds; mais le jeu recommence et tous les accidents de cette vie en couleur sur la vieille image. Peut-être le patient entrera-t-il dans le beau jardin où s'élance un jet d'eau en pluie retombante sur un oiseau blanc qui navigue les ailes en voiles, et qui devant être une oie, pour la magie du jeu, la gloire finale et l'aristocratie des cieux rêvés a pris l'apparence d'un cygne; ainsi nous nous transformerons au bout de l'épreuve. Le loto moins poétique, moins philosophique, mais bien amusant encore; les chiffres sortis à mesure du classique petit sac de lustrine et appelés sur les cartons immuables et masqués de petits ronds de vitre qui semblent des verres à lunettes. Sitôt que l'enfant commence à calculer, ce jeu l'enchante; un peu le mystère, l'atout des cartes si jolies; les reines une fleur aux doigts, les rois tenant le globe ou le glaive, et ces valets en pages, et le choix cabalistique de la rouge ou la noire.

Pour la corde, la toupie, les grâces, il faut le grand air, l'espace, un coin sablé ou planté d'arbres. La corde, la danse limitée, enlacée en mesure, le jeu double des pieds menus qui s'enlèvent et de la corde qui s'abat pour filer dessous avec un ronflement de rouet, un petit heurt aux cailloux; les bras la renvoient sans fatigue, la rattrapent avec ardeur, et comme légèreté le volant seul peut lui être comparé, prenant le vent entre ses plumes, rebondissant à la raquette, s'emportant jusque dans les arbres pour être ressaisi au ras de terre, relancé, d'un blanc de colombe au plein air qui le soutient. Le cerceau fuit par les allées, les toupies grondent, les grâces s'échangent au bout des baguettes de buis.

Jeux anciens passés de mode, mais si vifs, si jolis, que ne remplaceront jamais le crocket, le lawn-tennis, le rallye-paper américain sans personnalité ni signification. C'est le jeu pour l'hygiène ou le flirt, non plus le jeu pour le jeu, la libre manifestation de l'enfance, de sa grâce à bondir; il n'est pas jusqu'à la marelle que je ne préfère, improvisée sur une dalle de trottoir, tracée à la craie, et jouée par une bande d'écoliers échappés à la classe, les cartables, les manteaux jetés au bord des carrés magiques où le palet poussé et repoussé n'est souvent qu'un éclat de brique pris dans une construction voisine.

ENFANTS DU PEUPLE

L'OMNIBUS, un jour de printemps déjà chaud; les vitres ouvertes, un laisser-aller, des places vides, il fait trop beau.

Dans un coin, une toute jeune femme

du peuple, pauvre, pauvre..., mais sous le soleil de mai on peut être pauvre sans paraître misérable : robe d'indienne à pois, petite camisole lâche, ni linge, ni ruban, ni rien de ce qui fait la coquetterie des faubourgs, clinquant de dessous de porte ou coiffure à effet; et si jeune, une enfant! et dans les bras, un tout petit, trois mois à peine, gros comme une poupée, qu'elle a fait téter tout à l'heure et qui maintenant se roule, serré contre elle, dorloté, câliné, excité d'éclats de rire jolis à voir sur le visage encore fatigué de la pauvre fille et qui relèvent sur ses dents fraîches sa bouche pâle.

Pas d'alliance, ni dans les yeux le souci d'un ménage, mais des pleurs essuyés en rougeurs sur les pommettes, une attitude qui demande grâce aux autres femmes attendries par cette adolescente et débordante maternité.

Quel drame, quel abandon a précédé la naissance ? on ne sait; mais elle adorera son enfant, l'élèvera avec passion et fera peut-être une honnête femme.

Alors elle sera de ces ouvrières qui, sitôt l'enfant sevré, le confient en garde, avant de commencer leur journée, et le soir, éreintées de couture ou de lessives, le vont reprendre, le rapportent à bras, sur leurs vêtements mouillés, dans la remontée fatigante et encombrée des faubourgs.

Il aura chaud l'hiver, il sera propre le dimanche, et quelle fête quand, à force de privations, on lui achètera de solides petits souliers !

Il connaîtra la patience, assis par terre pendant que, par la pauvre chambre, elle ira, viendra, soignant le maigre feu et le maigre souper ; — mais, inévitablement, ce petit joufflu du lait maternel, ce bel enfant aux jambes rondes, mal nourri par la vie et, malgré tout, pitoyable, sera plus tard, avant de devenir le bon ou le mauvais ouvrier, le gavroche du ruisseau, coureur de fêtes populaires, lanceur de balles explosibles, ouvreur de portières, avec la pâleur des grandes villes, le reflet du pavé et de la poussière du boulevard sur la figure.

Et j'aurais pleuré d'y penser en voyant

cette joie échangée, ce sourire de l'enfant à la mère et de la mère à l'enfant, encore mal détachés l'un de l'autre, n'ayant qu'une âme et qu'une vie !

Une autre rencontre dans la rue :

Quatre heures après-midi, sortie des classes populaires. — Une pauvre femme, déjà plus très jeune, celle-là, un petit au bras, traînait par la main l'écolier nouveau, gibecière neuve en toile noire, petite casquette, vêtements courts et consciencieusement reprisés aux genoux et aux coudes.

Sans s'interrompre aux traversées du trottoir, aux tentations des étalages, il contait ses peines, — les yeux rouges essuyés de doigts qui avaient écrit, mêlant l'encre aux larmes, sur un de ces bons petits visages bouffis où se baise l'enfance à pleines joues, et elle, aigre, révoltée un peu : « Pourquoi que tu n'y as pas dit, à Madame, qu'il t'avait donné un coup de poing dans la figure ? »

Elle sentait une injustice, une blessure à l'enfant et à elle, qui sait ? à leur misère laborieuse. Avec cette ténacité de l'idée unique et d'une voix encore hoquetée des sanglots récents, le petit parlait toujours, se laissant guider, le regard levé, pour la prendre à témoin, sur cette grande femme correcte, un peu dure, chez qui je devinais tout un drame d'orgueil à vif.

Pour que son fils fût mieux instruit, mieux soigné, elle l'avait mis sans doute dans un de ces externats payants où se coudoient les enfants d'employés et de commerçants du quartier, d'ouvriers aisés, plusieurs fractions du petit monde ; et, si pauvre, elle pensait que les retards, parfois d'un mois, de la pension, le petit panier si maigrement garni, cela avait suffi pour faire de son chéri un souffre-douleur.

Dans cette fin d'après-midi parisienne où se trahissent tant de fatigues, de découragements, d'attardements en courses vaines, je complétais facilement cette petite scène de la rue ; je prévoyais la triste arrivée, l'intérieur sordide, l'accueil sombre du père, ou peut-être un de ces veuvages mal soutenus par le travail féminin, où l'enfant qui grandit est le seul espoir probable, la seule ambition permise. Le groupe arrêté devant une charretée de fruits au rabais, tout près de disparaître dans la houle populeuse, j'en gardais longtemps la silhouette, le moral enlacement de tristesse découragée.

CONTRASTE

SEPT heures. On s'est attardée un peu tout le jour ; les courses sont si longues à Paris, et tant de visites en ce mois de février, vraiment l'un des plus chargés ; une heure chez la couturière, chez la modiste, quelques petits changements aux toilettes déjà connues, un essai vers le printemps tardif et désiré. Encore un quart d'heure, on sera rentrée et l'on trouvera tout à point pour le dîner, les enfants reposés de leur promenade, ayant travaillé l'anglais et l'allemand avec leur gouvernante, la maison chaude, ouatée, éclairée, la toilette d'intérieur toute prête sur la chaise longue qui reposera la jeune femme du costume de ville, un peu fatigant, un peu serrant, et remplacée tout à l'heure par le décolletage pour l'Opéra et le grand bal des Stéphenson.

Ah! ce n'est pas fini de vivre, aujourd'hui! il faut encore être belle, parée, sortie jusqu'à cinq heures du lendemain!

Mais un encombrement de voitures au coin de la rue de Varenne : ces choses arrivent toujours quand on est pressée ! l'omnibus en travers, au milieu de la voie, puis des camions, de longues charrettes déchargées, aussi des coupés rentrant à cette heure où tout rentre à Paris. Le sien s'est arrêté comme les autres et sa glace donne juste dans celle d'une devanture où la jeune mondaine regarde machinalement.

La boutique paraît vide, celle d'un boulanger, aux casiers désemplis, les hottes des porteurs dans le fond, avec le chapelet tombant des tailles de toutes longueurs. Au comptoir, une femme jeune aussi, à peu près de son âge, correcte et fraîche, la coiffure lisse, une petite collerette fermant sa robe de laine, tricote activement, son livre de caisse ouvert sous son ouvrage, car la pratique, malgré l'heure qui s'avance, peut encore venir : ouvrières à fin de journée, commis qui rentrent et, qui sait ? des pauvres attardés et comptant leurs sous de hasard.

Auprès d'elle, un écolier, sept ans, l'âge des premières culottes et des grands tabliers de classe, ses cheveux brouillés, ses petites mains toutes noires de la journée d'école. Il a posé son panier au bas du comptoir, tiré ses livres de la courroie, et il lit, il travaille, les deux coudes appuyés, sa petite tête intelligente en profil fervent.

L'idée voltigeante de la mondaine, cette jeune raison qui voyage trop l'été, valse et tourbillonne trop l'hiver pour trouver une assise calme, s'arrête un moment sur ce tableau intime que la grande glace claire présente au passant : la mère et l'enfant côte à côte et travaillant ensemble, l'exemple pour le présent et pour plus tard, pour toute la vie de cet enfant qui sera un homme, le souvenir de sa mère et de ce labeur qui surveillait le sien. Quel contraste avec son existence à elle ! Et, rendue tout à coup réfléchissante aux dix minutes d'arrêt de son coupé, elle s'imaginait cette vie de petits commerçants parisiens : le réveil avant jour, quand la veilleuse éternise la nuit dans sa chambre...

La mère se lève la première, toujours à heure fixe, à cause de l'enfant et du départ pour l'école ; puis, le petit lavé, peigné, luisant comme un chat, elle descend à la boutique, bien froide au matin, où l'attendent l'activité, le départ des porteurs, le compte des pains, le rangement appétissant de la devanture.

Et tout le jour assise à sa tâche, elle pense au petit qui fait la sienne. Assurément, cette mère est plus mère qu'elle-même ! Elle adore pourtant ses enfants, son Louis si beau en marin, dans le jersey à ancres d'or, et Mary et Lucy qui portent si bien les *bonne-femme* en peluche rouge ou en petite indienne à dessins greenaway ! Oh ! elle les aime de tout son cœur, mais jamais son esprit ni ses doigts ne sont occupés d'eux directement ; si ! elle les pare pour les matinées costumées, la dernière retouche d'élégance, les mouches à poser sur ces teints de lait.

Tout lui est peine et fatigue, hors le monde qui la prend, la flatte, l'entoure, et voici que ses yeux se reportent vers la boulangerie : plus personne au comptoir, mais dans l'entre-bâillure d'une porte, elle voit, sous la suspension de cuivre, le père, la mère et l'enfant attablés ensemble ; et lasse de toute sa journée ambulante et bavardante, les pieds un peu froids dans la peau d'ours où elle les enroule, et songeant qu'il va falloir encore s'habiller pour la quatrième fois, quitter ses enfants sitôt après les avoir embrassés, elle envierait presque ces pauvres gens, si le coupé ne se remettait en marche d'un saut doux, ne secouait la vision ressemblant à beaucoup d'autres, rencontrées, effacées dans la brume parisienne, ce crépuscule où point la fatigue, entre la nuit des rues et l'éclairage des salons.

PENSIONNAIRES

Une grande cour plantée de vieux platanes en allées et bordée de petits jardins aux palissades, aux bancs, aux tables minuscules d'une ferme japonaise; ces jardins garnis de plantes fleuries, de lierres grimpants, de fantaisistes petits bassins faits d'un pot à fleurs, bouché, enfoncé dans la terre, formaient un tour de bouquet à la cour de récréation où tombait en ce moment, sur les six heures d'un soir de mai, un beau soleil encore chaud, poudré comme tous les soleils de Paris, de l'activité, du train de la grande fournaise.

Là-dedans une nuée de jeunes filles échappées à la classe, en uniforme, le tablier noir découpant la robe aux épaules, le petit col droit et blanc et des ceintures de laine de différentes nuances, selon l'âge et le rang, bleu liseré, pourpre, vert de chêne, croisées, tournant à la taille, rattachées par leurs glands tombants. Elles courent, jouent, se promènent, et bientôt sur un signe des maigres sous-maîtresses s'alignent pour entrer dans cette petite chapelle d'angle élevant sa croix à peine à la hauteur du grand ébénier qui l'abrite. C'est le mois de Marie ; et ces jeunes filles étant à peu près cloîtrées dans cette pension à la tenue presque conventuelle, elles ne sortent même pas pour aller à l'église ; on se tait, on se groupe ; comme il est de mise qu'on ne doit pas entrer nu-tête à la chapelle, sur la coiffure simple des cheveux bruns ou blonds, coiffure un peu voltigeante après toute une journée de jeux et d'études, c'est un ruban, une dentelle, un réseau de chenille que les enfants posent parmi les nattes tressées, ou la chinoise tendue et frisottante de leurs fronts.

Rien de joli comme ce mois de Marie appuyé aux soixante prie-Dieu du pensionnat; ce sont les élèves qui disent en deux chœurs alternés les litanies et les ave, elles qui chantent ou s'accompagnent à l'orgue; ni prêtre ni desservant. Les maîtresses près de l'autel guident le petit office que ne trouble aucun bruit du dehors. Un peu du couchant rosé tombe par la fenêtre en ogive, colore les cantiques ouverts et les bouquets blancs du chœur, renouvelés chaque dimanche par les jeunes filles; les muguets, les juliennes, les asters embaument, donnent une forme aux jolies épithètes de la dévotion à la Vierge : Étoile du matin, Rose du ciel, Vase d'élection... une demi-heure calme, reposante, adorable, pendant laquelle le soleil pâlit, descend, glisse des pages ouvertes aux mains qui les tiennent, se retire en rayons filés.

Sept heures du soir en automne, récréation dans la salle de dessin, les chevalets, les tabourets au mur, et des rondes, des petits groupes de trois ou quatre aux angles. On rit, on chante, on cause des vacances qui viennent ou de celles passées. Tout à coup entre une jeune fille, une nouvelle conduite par une sous-maîtresse. Douze à treize ans, des joues rouges, des yeux bovins, des cheveux de ce blond campagnard plaqué de teintes brunes ; elle a pleuré, elle pleure, ses larmes dans cette chaude atmosphère de jeux et de danses redoublent encore, tandis que machinalement et invitée elle tend chacune de ses larges mains à la ronde qui repart bientôt vive et gaie. Elle ne peut chanter, mais essaie à sauter comme les autres, et de ses poches part un bruit de dures coquilles heurtées, secouées, des noix, des noix, ô bonheur ! que l'on tire une à une en riant et qui bondissent, roulent de toutes parts.

Ce fut une explosion de si folle gaîté, parmi les sanglots cette fois lâchés, avoués de la pauvre fille, que huit jours après, comme elle ne pouvait faire que pleurer, au dortoir, au réfectoire, au jardin, toujours pleurer, ses pauvres yeux s'écorchant à la brûlure des larmes, ses parents vinrent enfin la reprendre, et la remmenèrent dans sa campagne de Beauce, où riches fermiers ils la gardèrent et la firent élever chez eux.

Que de fois j'ai pensé à l'impitoyabilité de la jeunesse, à cette raillerie qui s'excite d'un vêtement passé de mode, d'un accent inattendu, d'un petit incident tel que celui-là. Que de fois j'ai revu dans la vague poussière de nos rondes, sous les quinquets à réflecteur, l'entrée de cette fille des champs parmi nous autres, plus affinées, plus délicates et moquant sa mise, sa jupe trop courte, ses fortes bottines et ses noix; en y pensant et comprenant mieux, peu à peu tout cela changeait d'aspect; je me figurais le départ désespéré de la grande ferme : c'est octobre au petit jour, la voiture attend, car la gare est loin; un dernier regret aux habitudes d'enfance, à la cour, aux vieux arbres, et machinalement la jeune fille en passant par les fruitiers a rempli ses poches de noix, distraction de la route, gourmandise d'enfant; cela se présentait si sensiblement à moi qu'agite le moindre départ, le moindre changement, que vraiment je regrettais notre cruauté, je sentais le petit frisson froid d'un remords.

LES EMPLETTES

C'EST novembre ou c'est avril, l'avertissement des gelées matinales ou l'aigre petit vent de pluie taquinant les bourgeons roses; deux époques de renouveau pour la toilette féminine, qu'elle revienne de la campagne et des plages un peu fatiguée des longues excursions, des chemins de fer, de l'air vif, de l'été brûlant, qu'elle sorte des brumes obscures, de l'emmitouflement de l'hiver. Aussi vers ces deux saisons coquettes, voit-on les Parisiennes impatientes prises d'une fièvre curieuse, presque émue, explorer les quartiers de la mode, cherchant aux vitrines le premier indice d'une nouveauté, d'un changement, découvrant bien vite la babiole du jour, le rien à ajouter, le signe de ralliement de l'élégance. C'est, selon les temps, l'aigrette rouge au chapeau, le bracelet d'uniforme, le large nœud directoire, le fichu Louis XVI; mais cette note vive donnée au costume, il faut bientôt s'occuper de son entière transformation.

Cela se fait..., cela ne se porte plus, la Parisienne se débat entre ces deux propositions contraires, et la voici montant l'escalier moelleux des couturières en vogue, des modistes à sensation. Un véritable pèlerinage. Le but est agréable, souvent glorieux, mais que d'agitations et d'épreuves. D'abord l'incertitude d'un choix, puis les longues attentes à la porte du salon d'essayage à feuilleter ces petits carnets d'échantillons, velours, satins, étoffes brochées du vieux temps, moires chatoyantes qui remplacent chez les faiseuses les livres à images sur la table d'un docteur et qui sont comme des recueils de tentations nouvelles.

Face à face, d'un bout de la pièce à l'autre, on s'étudie; il y a là bien des types de femmes différents; la riche bourgeoise, correcte des bottines aux bandeaux légèrement ondés; l'étrangère, titrée presque toujours, dont la toque de loutre, la pelisse enveloppante, témoignent le passage et le voyage et qui va remporter à quelques centaines de lieues de Paris une toilette coupée, assemblée par la main des fées, mais bien vite déformée d'allure. Suit une actrice célèbre à la ville comme à la scène, qui vient ici en affaires commander les cinq robes, variées par actes, de son prochain rôle. Rompant la monotonie de cette attente muette, de temps en temps une voix aiguë jette au bas de l'étage qui monte aux ateliers : « Apportez le corsage de la princesse Lubowska... La robe de Mme de Tournède... » Et les manches pendantes, dentelles à terre, la traîne soutenue par une apprentie au corsage criblé d'aiguilles, la splendide robe blanche fait son entrée, illumine la pièce d'attente, emporte dans le bruissement de ses plis soyeux un murmure admiratif.

Pour le chapeau, c'est peut-être moins long, mais encore plus compliqué. A-t-on jamais réfléchi à la merveilleuse part d'invention qui revient à la modiste dans ce chiffonnage traversé d'un brin de dentelle, d'une aile ouverte, d'un rond cordonnet doré ; les fantaisies de tous les âges se mêlent pour la fantaisie moderne, le bandeau antique, la mantille espagnole, le feutre de la ligue et ces capotes restauration où le regard, emprisonné des deux côtés, s'avivait, se débattait, se concentrait de face, avec une singulière fulgurance ; il faut nuancer, fondre, varier tout cela pour la beauté des traits, l'éclat des cheveux et du teint, car le visage s'éclaire, s'égalise dans un chapeau qui lui sied, comme un tableau par le cadre dont on l'entoure.

Reste le manteau. Entre les quatre glaces d'un salon immense, les essayeuses jettent sur leurs robes noires, au ton luisant de soie qui s'use, tous les types du vêtement porté : mante, mantelet, mantille, larges manches pointues, carrées, frangées, pasquillées. Elles vont, viennent, minces et longues, nettement coiffées, sans un bijou, de l'air indifférent de mannequins sur tige, ôtant et remettant dix fois le même modèle, et d'un pas lent, cadencé, s'éloignant, se rapprochant pour en faire valoir l'élégance. Et le soir tombe, le gaz s'allume, un jour s'engloutit encore dans cette recherche de l'élégant, du joli ; un jour futile et varié qui ne laisse aux jeux et dans l'esprit que son bariolage d'étoffes nouvelles, un chiffonnage babillard et vaniteux. Mais ce n'est pas fini des emplettes de saison : et l'éventail ou l'ombrelle au reflet favorable, les gants, la bottine alerte et haut montée; et la fourrure aux tiédeurs vivantes, le bijou riche et discret, car la Parisienne de race n'aime guère le chatoiement des pierres et des métaux; le bijou n'est pour elle qu'une étoile scintillante parmi les étoiles du soir, mais elle ne fait pas reluire ses diamants au soleil. Tous ces soins, ces courses, cette fatigue aiguisée de coquetterie pour arriver à la distinction suprême, pour se montrer dans le va-et-vient des visites et des réceptions du soir, enveloppée d'élégance, prise, enserrée dans cette bandelette idéale, ce réseau à mailles invisibles qui maintient toute une toilette, formes et couleurs, massant les plumes légères, les rubans flottants, les volants et les ruches, exaltant les rouges, pâlissant les bleus, dorant les blancs pour un ensemble poli, harmonieux, de statuette vivante, de précieux et circulant objet d'art.

CHRONOLOGIE FÉMININE

Il y a pour les femmes bien des façons de dater leur vie ; beaucoup se contentent du souvenir, d'une excellente mémoire plus vivace à mesure que le temps s'écoule, et qui leur fait une heureuse vieillesse, ce sourire fin ruminant avec esprit les succès rappelés, les jours vécus. D'autres notent leurs impressions, ont le courage d'une plume sincère, tentent ce tremblement d'écrire leurs premiers bonheurs, au risque des larmes ou des déconvenues qui suivront; quelques-unes, plus positives que tendres, imitent les anciens livres de raison dormant dans les armoires provinciales des vieilles familles, et mettent en marge des livres de compte les principaux événements de leur vie, coutume sévère ramenant tout à la prospérité de la maison, inscrivant les naissances d'enfants en face de leur patrimoine et marquant d'un grand deuil les héritages.

Mais plus mondainement, plus légèrement, que de charmantes superstitions de femme : Henriette Maréchal collectionnant ses gants de jeune fille, les gants qu'elle avait les jours de bal ou de fête intime ; et cette princesse d'Eichtal, dont on nous parlait dernièrement, faisant un album des échantillons de toutes les robes qu'elle avait portées, avec la date de leur apparition ! Voyez-vous ces petits carrés d'étoffe se détachant sur les pages blanches : lainages ouatés, soies molles et de couleurs claires pour les toilettes d'intérieur, les velours, les brocarts des visites, la fantaisie des promenades, les teintes de fleurs, les tissus soyeux pour le bal ; et la princesse dans ces feuilles bigarrées d'herbier ou d'album japonais, dans ces broderies, ces semis de petites fleurs ou de pois multicolores, branchages mignons, rayures d'averse, ces carreaux de tous les clans d'Écosse, les soies lamées d'argent fin ou de fil d'or, lisant sa vie, déchiffrant ses impressions d'alors, tramées désormais dans l'étoffe, en faisant le fond sombre ou les cassures brillantes! Quels jolis souvenirs d'élégance! Et cela sans la forme qui rend les modes bizarres et disgracieuses d'une époque à l'autre, qui fit rire des paniers, les manches à gigot de nos grand'mères, et nos robes à longue taille lacée jusqu'aux basques, des corsages écourtés des deux empires. Non, rien qu'un brin d'étoffe, ce que rejette la coupeuse au fil de ses ciseaux, assez pour évoquer devant la femme les soucis, les déboires, les succès de sa vie intérieure ou mondaine. Ce satin bleu, d'un ciel si tendre, elle le portait chiffonné, falbalassé, fouillé de nœuds et de cocardes sur la chaise longue des relevailles, et l'enfant, déjà grand, le piétinait alors de ses petits pieds douillets qui n'avaient jamais touché terre. Ce velours sombre fut son premier deuil, son beau-père mort là-bas à Varsovie, quand de comtesse elle devint princesse, et son mari chef de famille. Souvenir ambitieux, splendeur naissante qui voulut, peu de temps après, ce damas rose où tient la perle d'une broderie, fragment du manteau de cour pour une présentation solennelle.

Puis les parures de la vie ordinaire aux menues joies datées douze fois dans l'année et racontant la fuite des heures et des modes sans événements précis ; les visites, les concerts, l'opéra en grande loge, les cérémonies d'une existence de femme et de mère, avec le choix, les différences selon l'occasion et le caprice. Toute une coquetterie étudiée et variée, un raffinement délicieux, quelque chose comme le langage des fleurs, appliqués aux satins et aux fanfreluches. Mais parmi toute cette collection, robes de jour ou robes du soir, il en reste une sans doute qui fut la robe du sacre pour Joséphine, la robe d'Hermione pour Rachel : la robe du triomphe, celle que l'on dut quitter avec regret, dont les plis furent tout harmonie, la nuance heureuse, et, en regardant bien la date de cet échantillon préféré, on saurait peut-être l'âge de la princesse. Une de nos amies prétendait deviner l'âge d'une femme dans l'arrangement de ses cheveux ; en effet, sauf d'imperceptibles concessions à la mode, la femme conserve presque toujours la coiffure de ses trente ans. Est-ce parce qu'alors, sûre de son goût, elle sait mieux ce qui lui sied ? Est-ce la crainte d'un changement au moment où changer cela s'appelle presque vieillir ? Mais nous avons reconnu mainte fois la vérité de cette divination, devant ces bandeaux bouffant au-dessus du front, ces coques en couronne, ces masses d'ondulations légères si fort en vogue il y a dix ans et que quelques femmes s'obstinent à porter, malgré la coutume anglaise, les cheveux plats, frangés au-dessus des sourcils.

Donc cette robe rare et choisie fut celle de la trentième année, et quand la princesse feuillette d'un doigt distrait, depuis sa première toilette de bal dont la date est jaunie, ces pages qui se nuancent en tournant, mêlent leurs reflets, illustrent de façon hiéroglyphique son roman, le poème de la vie d'une mondaine, c'est là qu'elle doit s'arrêter, à l'heure où le jour tombe, où se brouillent sur la feuille d'album, dans un effacement de crépuscule et de lointain, les petits fragments de tissus piqués vifs comme des papillons; c'est là qu'elle doit s'arrêter en regrettant que le temps n'ait pas fait comme elle, ne se soit fixé sur ce point lumineux pour lui en laisser sentir le charme, ne lui ait accordé au moins ce long jour tout en clarté, ce *plus long jour de l'année* qu'il donne à l'été, au cœur même de la belle saison.

LISE

Je ne sais si c'est l'effet de ces temps d'hiver qui font ressortir si tristement toutes les misères de la rue et rendent, par le gris du ciel, les toits et la boue plus sombres; mais au coin du feu, je me souviens de grandes courses, par des jours pareils, dans ces quartiers indigents où la chaussée, entre deux ruisseaux fangeux, s'encombre de lourds camions et de voitures retentissantes.

C'est ainsi qu'après dix ans passés, l'histoire de la vieille Lise me revient à l'esprit. Je la vois encore, maigre, tout en noir, ses mains sans gants sous son châle, et nous racontant les chagrins dont elle pleurait. Elle avait marié sa fille, cette petite Adèle, qui travaillait jadis à la maison, blonde dans le rayon de la fenêtre, et gaie, et heureuse ! Elle l'avait mariée à un ouvrier tailleur, paresseux et mauvais sujet. On avait d'abord vécu tous ensemble, puis la misère était venue et les querelles ;

Lise était partie, emportant le pauvre mobilier qui leur servait à tous ; sa fille ne l'avait plus revue, mais par des amis, des voisins, la vieille femme venait d'apprendre qu'un petit enfant était né sans vivre dans le pauvre ménage, qu'Adèle s'en allait de la poitrine et que la belle-mère, qui avait recueilli les jeunes gens dans leur misère, s'opposait à ce que Lise vînt chez elle soigner sa fille. Tout cela raconté fiévreusement, avec des regards brûlés de larmes et toute une mimique désolée, creusant sur ce visage vulgaire les traces déjà profondes d'anciennes douleurs.

« Vous aviez peut-être été trop sévère, Lise ? »

Nous la connaissions dès longtemps.

Veuve et seule pour élever trois filles, la vie qui sépare les lui avait reprises tour à tour : l'aînée enfermée au couvent, une autre, servante au pays ; et la dernière, la préférée, mariée si malheureusement. Dure à elle-même, dure aux autres, c'était une âme de fer que cette Lise, très droite, très forte, mais inflexible. Ses enfants chassés de chez elle, elle ne les aurait plus revus ; mais la mort arrivait, agenouillant les fiertés de cette mère devant quelque chose de plus fort qu'elle. Il lui fallait sa fille, ce lit de souffrance à garder, toute cette jeunesse à défendre contre une maladie si tôt venue et si cruelle. Enfin devant son désespoir, il fut convenu que nous ferions une démarche auprès de la terrible belle-mère.

« Aujourd'hui même, madame ?

— Aujourd'hui même, Lise. »

Quelle longue course à travers un Paris en détresse, noyé de neige fondue, tout bruyant de la fin de décembre, où il semble que chacun se presse de vivre, de rattraper en deux semaines le temps perdu dans l'année ! La voiture avançait difficilement parmi des files d'autres voitures jusqu'à un bout de faubourg voisin du Jardin des Plantes, tout imprégné du silence que les endroits d'étude répandent autour d'eux, laissant s'évanouir le bruit de Paris dans des jardins d'arbres sans feuilles et des cours vastes. Un singulier logis au rez-de-chaussée, propre, bien tenu, occupé par la belle-mère d'Adèle, aussi sévère, aussi sèche que notre protégée, en noir comme elle, et son mari impotent et aveugle. Dès l'entrée on entendait là un tic tac assourdissant, le mouvement multiple des pendules posées sur les cheminées, les buffets et les tables, des grosses montres, des cartels, des coucous accrochés au mur, ces derniers, de toutes grandeurs, imitant pour la plupart des chalets suisses; quand l'heure sonnait, tout se mettait en branle : c'étaient des carillons alternés, des cris d'oiseaux poussés par des oiseaux de bois battant des ailes, des jacquemarts, des petits paysans de la Forêt noire, berger et bergère, tapant gravement devant eux et rentrant dans leurs volets fermés. Tout cela fatigant, scandé, mécanique; l'atmosphère en semblait spéciale, on y perdait la vraie notion du temps, ce vague où les jours passent et s'assombrissent aux rappels espacés de l'heure, seule distraction de l'aveugle multipliant les sensations du bruit puisqu'il lui manquait celles de la lumière. Nous demandions à voir Adèle, sans autre explication à l'étonnement renfrogné de sa belle-mère, et l'on nous faisait entrer à regret. La pauvre petite n'était plus reconnaissable, pâlie, creusée, et son joli sourire atténué, sans fossettes, tiré droit sur des lèvres minces. Ce fut une joie de nous voir, un souvenir des anciens jours. « Elle n'était pas malheureuse ici, elle allait mieux, son mari la conduirait bientôt à la campagne... » Et en quelques mots, avec cette imagination vive du peuple si éloquente quand elle s'exalte, elle nous fit entrevoir ce qu'elle désirait. La chambre de ferme claire et nue où montent le parfum des étables et le caquettement des poules, avec des horizons pleins de sarrasins et de luzernes fleuries. Elle boirait du lait tout chaud, elle se rétablirait vite. La belle-mère nous surveillait au pied du lit, comme si elle avait deviné le but de notre visite. Enfin elle s'éloigna, appelée par l'aveugle.

« Et votre mère, Adèle ?

— Je voudrais bien la voir, madame ; mais ici, c'est impossible. Elle a été si dure, si vous saviez : ma belle-mère ne consentira jamais.

— Voulez-vous que j'essaye ? »

Mais la vieille refusa net.

« Elle a renvoyé mon fils, elle nous a humiliés, elle ne rentrera jamais ici.

— Sa fille est mourante.

— Oh ! pas encore. »

Était-ce une promesse, ce doute ? quinze jours plus tard, à une nouvelle visite et comme la petite Adèle était encore plus affaiblie, après un long débat, des récriminations, j'obtins que nous amènerions Lise nous-même à son enfant, mais le soir, la nuit tombée. Ce fut un déluge de larmes lorsque Lise apprit le succès de nos démarches.

« Demain, madame, elle vous a dit demain ; mais c'est le jour de la fête d'Adèle. Je pourrai donc la lui souhaiter.

— Nous la souhaiterons ensemble, Lise, car je vous accompagne. »

Elle vint le soir du lendemain, serrée dans son éternel châle de deuil, un gros bouquet à la main, et dans la voiture, pendant le long trajet cahoté au train des chevaux de fiacre, elle recommença l'interminable histoire de la brouille, les meubles repris, la séparation. A l'arrivée, par l'entre-bâillement de la porte, un envolement de rubans noirs nous apprit que la belle-mère tenait parole, s'éloignait devant la mère.

Pauvre Adèle! elle se mourait. Ce n'était pas encore l'agonie, mais cet engourdissement où la mort prochaine endort les jeunes âmes comme d'une pitié salutaire;

je ne sais quel recueillement dans la petite chambre, quelle tiédeur d'eau bénite et de nappes blanches repliées annonçait qu'une consolation suprême venait de passer là, effleurant le carreau d'un pas discret et le front de la malade d'une bénédiction attendue. Oh! l'élan de la mère vers le lit de douleur, l'enlacement par lequel elle essayait de reprendre son enfant que la mort faisait deux fois fugitive; et cette fête, cet anniversaire baigné de larmes!... Elle avait posé son bouquet sur le lit, un large bouquet de fiançailles du peuple, des roses montées, des violettes en paquets, parmi lesquelles pâlissaient des héliotropes transis. Autour, un cornet de papier raide et lourd s'étalait sur la blancheur molle des draps; et son apprêt, son froissement de choses neuves rappelaient les bonnes fêtes d'autrefois, les surprises de la mère à la fille, cette cachette du bouquet tout à coup découvert, fleurissant quelque humble présent. Les sonneries, les carillons de l'aveugle atténués derrière la porte fermée, accompagnaient cette scène presque muette, en semblaient précipiter la fin par la hâte énervante des minutes. Les natures violentes et rudes ont des tendresses cachées, des sources de larmes emprisonnées sous la roche de leur volonté. Adèle, surprise, entendait battre contre son cœur un cœur que longtemps elle avait cru muet. Sa mort, si douce déjà, s'attendrissait d'un chagrin, d'un remords d'enfant; son âme partit dans un sanglot de petite fille.

La douleur de Lise fut immense, accrue par cette rencontre de la fête d'Adèle et de sa mort, les deux anniversaires confondus dans une date funèbre comme s'il ne pouvait lui rester un bon souvenir à évoquer. Elle fut de ces pauvres femmes survivantes d'être jeunes, qui parent sur une tombe la beauté de leurs morts. Épaisses couronnes, jais brillants, blanches statues agenouillées, elle épuisa tous les emblèmes du regret visible; l'autre, celui qui ronge et détruit, mit deux ans à la tuer.

GRAND'MÈRE

Je me vois un matin d'orage, toute petite, dans la chambre de ma grand'mère en son château de Vig..... où nous passions tous les étés; la pluie et la rafale mettaient un voile aux fenêtres, et je me sentais inquiète, ayant commencé l'Histoire sainte et connaissant le Déluge.

— Grand'mère, est-ce la fin du monde?

J'essayais de me rassurer à son sourire, au calme ambiant autour de moi : tranquille chambre à deux lits jumeaux de vieillards; pendule Louis XVI blanche portant une urne enguirlandée, venue de province avec le doux passé des choses dans son aiguille lente; petites tables ou commodes anciennes, remplies d'objets du même temps: des médailles commémoratives surmontées de couronnes ou de bonnets phrygiens, *Mort de Louis XVI, Naissance du duc de Normandie,* des sachets sans parfums, des colliers défilés, des monnaies du Consulat et de l'Empire...

— Oh! laisse-moi ranger tes tiroirs...

J'y remuais de la vieille France sans m'en douter, mais avec un sentiment de respect curieux, et ma grand'mère s'animait à des rappels de jeunesse. Elle avait vu ceci, non cela; son père le lui avait raconté. Elle avait porté, comme sur cette miniature, ces bonnets de gaze légère, ces manches ballonnées, ce décolletage agrafé d'un portrait.

— Alors le monde n'a jamais eu de commencement et il n'aura jamais de fin?

Il me semblait pourtant, mêlant les souvenirs de ma leçon à ceux de ma chère grand'mère, qu'elle en connaissait de ce monde un long épisode, puisque, chose invraisemblable, elle avait été petite et enfant comme moi, et qu'elle avait eu un père et une mère, jeunes comme les miens à cette époque.

Si vieille me paraissait-elle, des lunettes sur ses yeux noirs rieurs et des mains qui tremblaient un peu et ne pouvaient plus enfiler les aiguilles surtout par les nuées sombres pesant sur les toits ce matin-là. Je lui rendais ce petit service et restais auprès d'elle, assise à ses pieds, tapie dans le recueillement comblé d'heures où vivent les vieillards, mais sans pouvoir arrêter les questions agitant ma petite tête en travail.

— Mais qu'est-ce qui a fait le bon Dieu?

— Le bon Dieu s'est fait lui-même, ma chérie.

Et d'un air grave, car elle allait régulièrement à la messe, et son gros livre de prières, en caractères proportionnés à sa vue, reposait solidement à demeure sur sa table :

— Vois-tu, mon enfant, il ne faut pas autant chercher, c'est impie.

Ainsi donc, au bout de mes demandes, se dressait un mur d'arrêt et, passé Noé, le Déluge, la tour de Babel, le Paradis terrestre, plus rien, rien.

Alors pourquoi mon Histoire sainte avait-elle un commencement, puisque le monde ni Dieu n'en avaient pas? Les feuilles tourbillonnaient devant moi sur les pièces d'eau, l'orage criblait l'ardoise des pavillons et de la ferme... Je rêvais de l'Arche en route, seule, et toute perdue par les espaces noyés, jusqu'au moment où la pluie tintant plus lente dans le ciel éclairci, les pigeons, un à un, s'aventuraient dehors, comme la colombe de l'Arche, avec un lustre nouveau sur leurs plumes à reflets, et rassurée, heureuse :

— Grand'mère! l'arc-en-ciel!

Du coteau d'Athis, il passait la Seine comme un pont, finissait sur les champs, dans les blés couchés par l'orage; c'était la réconciliation, la promesse. Dieu pardonnait et sauvait, me disait ma grand'mère, parce qu'il était bon.

Et, tout à coup, je me résignais à croire cela, à ne rien demander de plus, puisque grand'mère à son âge, et qui avait vu tant de choses, s'en contentait.

LOIN, loin dans mon enfance, on me conduisait le matin en voiture, à un couvent voisin où je passais la journée, parmi des petites pensionnaires, et il m'en est resté l'affection et le grand respect de ces ruches de femmes innocentes, blanches d'âme et de parure. De hauts corridors frais et clairs, des classes sur des jardins, des images saintes au parloir et une chapelle qui nous sonnait les *Angelus;* là, j'appris de menus travaux, croix en papier, corbeilles en rubans et en perles, comme on n'en trouve qu'au fond des provinces ou dans ces maisons claustrales où le temps retarde, par manque de communications extérieures. Quand il tonnait, les après-midi de juillet, on laissait là l'écriture et la lecture et l'on se jetait à genoux, et l'on récitait à chaque éclair la même prière courte en latin; notre supérieure appartenait à une vieille et noble famille française et elle avait gardé de la femme du monde, qu'elle était autrefois, la libre allure, le franc langage, une gaîté qui était de la santé corporelle et du calme de conscience ; et d'autres silhouettes de religieuses me sont restées, penchées sur nos cahiers, nos livres ou notre ouvrage, ou traversant le jardin de ce pas glissant qui fait battre et s'entr'ouvrir les ailes des coiffes et tinter les chapelets sur les jupes ; une entre autres, anglaise au joli accent et qui peignait des fleurs, et comme notre propriété avait une réputation de parterre bien fleuri, elle me demandait des bouquets, des pensées surtout, dont je lui apportais de grosses touffes.

L'avenue d'arbres au milieu des champs et dont les branches ombraient les blés, que je parcourais en voiture chaque matin, le couvent sur la place de l'Église, tout est resté intact et je viens d'apprendre que la sœur aux pensées existe encore et qu'elle se souvient de l'écolière ; c'est beau, un souvenir de trente ans auquel la vie n'a pas touché, et il ne peut guère se rattacher qu'à l'être abrité et recueilli, à l'être presque impersonnel qu'est une religieuse.

Hier au soir, mon plus jeune fils récitait quelques vers d'une fable de Florian, et tout à coup je me retrouvais, presque à son âge, la disant au dessert d'un repas de fête de ma grand'mère. L'heure tardive d'été, le soleil couchant baignant la pelouse, l'étang et la volière, entre deux grands arbres dont l'un se pénétrait de lumière, l'autre restait sombre sur un fond de feu, la grande table entourée de toutes ces figures connues, aimées de mes yeux d'enfant, tout le lointain m'apparut proche à le toucher, à m'émouvoir jusqu'au fond des regrets et des intimes souvenirs. Des entassements de bouquets sur la nappe, un parfum de fleurs fraîches coupées mêlé à celui des fraises en rouges pyramides, j'ai la sensation vive de toute cette impression de nature, mais un voile mystérieux couvre la plupart des visages, une brume sur mes yeux peut-être ou qui les entoure, les pâlit, les distance, et parmi elles si douce, aux brillants yeux noirs, aux cheveux à peine gris, la physionomie de ma chère grand'mère, entre ces coques de ruban lilas, accompagnant d'un demi-deuil, souriant sa mélancolie visible, mais résignée, de femme aimante et malheureuse.

Tentation trop forte pour moi en allant à la gare de revoir, entre des grilles, ces beaux arbres à l'ombre desquels j'ai grandi, ces pelouses où je courais, ces charmilles dont le bout fut ma première ambition de longue marche et de voyage. Je m'étais bien promis de ne pas me livrer aux souvenirs tendres, de ne pas évoquer par les allées l'image active de ma grand'mère, la jeunesse de mes parents, et l'enfant pleine de rêves, intellectuelle et tout illusionnée de vie que je fus; non, je ne voulais voir que le sol tout pareil où se jouaient les ombres aux mêmes places que de mon temps, où le soleil faisait les mêmes brûlantes éclaircies, ce petit bois, dont les lierres ont plus que mon âge, dont la fontaine de pierre m'apparaît avec la fraîcheur à la bouche, de son eau sourçante et pure. L'étang, la pièce d'eau, sont transformés, on a abattu entre les deux parcs ces fossés, ces vieux murs où le passé s'émiettait dans les brèches et les délabrements de la pierre, on a détruit de beaux sapins jetant à l'automne leurs fruits ligneux sur les aiguilles amoncelées en terrains glissants, et là-bas dans la prairie, plus un de ces vieux pommiers ou pruniers où l'on tendait les cordes pour les lessives ; et des kiosques, des ponts rustiques, des rocailles... Je me réfugie aux grands arbres, à tout cet entourage de la maison où je marcherais les yeux fermés, tellement il est resté pareil. Et la cloche sonnant le dîner, je pensais ce qu'il adviendrait si je prenais ma course comme il y a vingt ans, si j'arrivais essoufflée dans la grande salle pour me mettre à table. Non, tout mon effort de volonté, mon ambition de recommencement ne tiendrait pas contre la marche des faits : nous ne pouvons rien conjurer, rien reprendre, rien ressusciter.

*
* *

On peut surprendre dans les regards des tout petits qui s'essaient à marcher, la même expression qu'aux yeux des vieillards presque impotents : La même application entêtée, le même désir, le même effort d'une petite marche en avant; un appel vers ceux qui sont là, et qu'ils vous aident à commencer l'existence, ou à vivre encore un peu.

*
* *

Oh, l'éloquence des mères qui pleurent! Ce qui jaillit de ces larmes de désespoir, de révolte : ces mots d'enfant échappés à l'agonie torturante, cette mère gardant en son cœur douloureux le regret, l'amertume dernière de l'enfant, étouffé par la phtisie, et coupant d'une plainte son souffle court : « cela m'ennuie de mourir. » Cette autre, racontant les derniers moments de sa fille de seize ans, distinguée et discrète, et adorant sa mère au point de crier dans son délire : papa, emmène maman, emmène-la, elle ne pourra jamais, elle ne pourra pas, elle ne pourra pas me voir mourir, pensait l'enfant. « Elle est morte en se retenant de parler, les dents serrées, les yeux clos, repliée sur le secret de son mal; parfois, on est obligé de rattacher la bouche détendue par l'effort du dernier souffle, mais là, rien de pareil; elle devait mourir la bouche fermée, ma pauvre petite fille! »

Encore une autre éprouvée dont l'enfant mourait à six semaines : « Si au moins il nous avait connus, regardés, s'il nous avait parlé! Il est venu seulement pour souffrir et mourir! ce petit lit à côté du mien! Je me disais : me voit-il, je suis pourtant sa mère; pas une reconnaissance entre nous! A-t-il senti que je l'aimais quand je l'embrassais?» Tortures que rien n'efface, même l'existence la plus longue, regret accru chaque année : il aurait deux ans, dix ans, vingt ans! Et la mère vieillit sans cette consolation de l'enfant qui grandirait, ce rachat de ses peines, de ses années, de ses rides.

Joliesse de l'enfance : petits bras nus, cous mignons, esquisses de traits, sourcils au crayon léger, cheveux si fins... Le sourire, une fossette aux joues; le geste, une fossette aux petits coudes. Visible surtout cette délicatesse dans les photographies retrouvées des premiers âges, alors que les enfants grandissent, ces premières photographies éclaircies par le temps où ne reste des intelligents et gracieux petits visages, avec les yeux en transparence, que la ligne principale, le trait, ce qui suffit d'un portrait d'enfant, ce que saurait dessiner toute mère aimante.

TABLE

Paris. — Imp. A. Lemerre, 25, rue des Grands-Augustins.

www.ingramcontent.com/pod-product-compliance
Lightning Source LLC
LaVergne TN
LVHW050415160826
845677LV00002BA/389

* 9 7 8 2 3 2 9 7 8 9 8 1 1 *